001

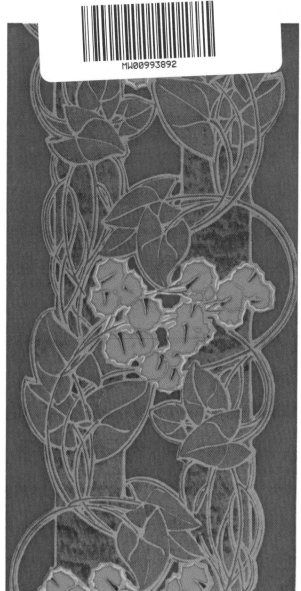

002

003

004

PLATE 1

005

006

008

007

009

PLATE 2

010

011

012

013

PLATE 3

015

014

016

017

018

PLATE 4

019

020

021

022

023

PLATE 5

024

025

026

027

PLATE 6

028

029

030

031

PLATE 7

032

033

034

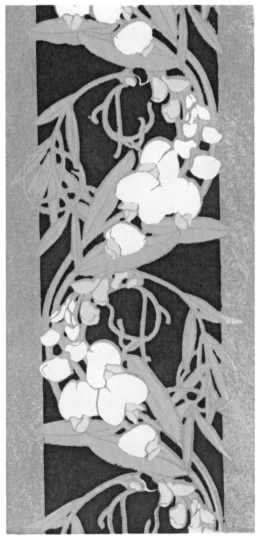

035

PLATE 8

036

037

038

039

PLATE 9

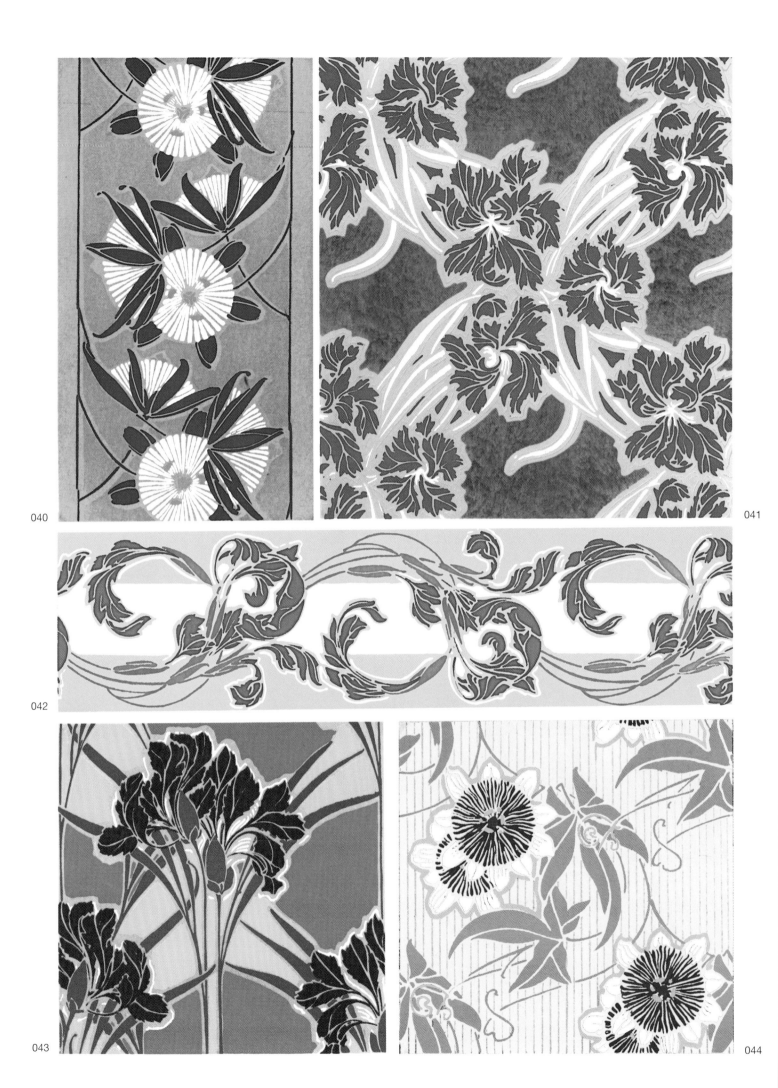

040

041

042

043

044

PLATE 10

045

046

047

048

049

050

051

PLATE 11

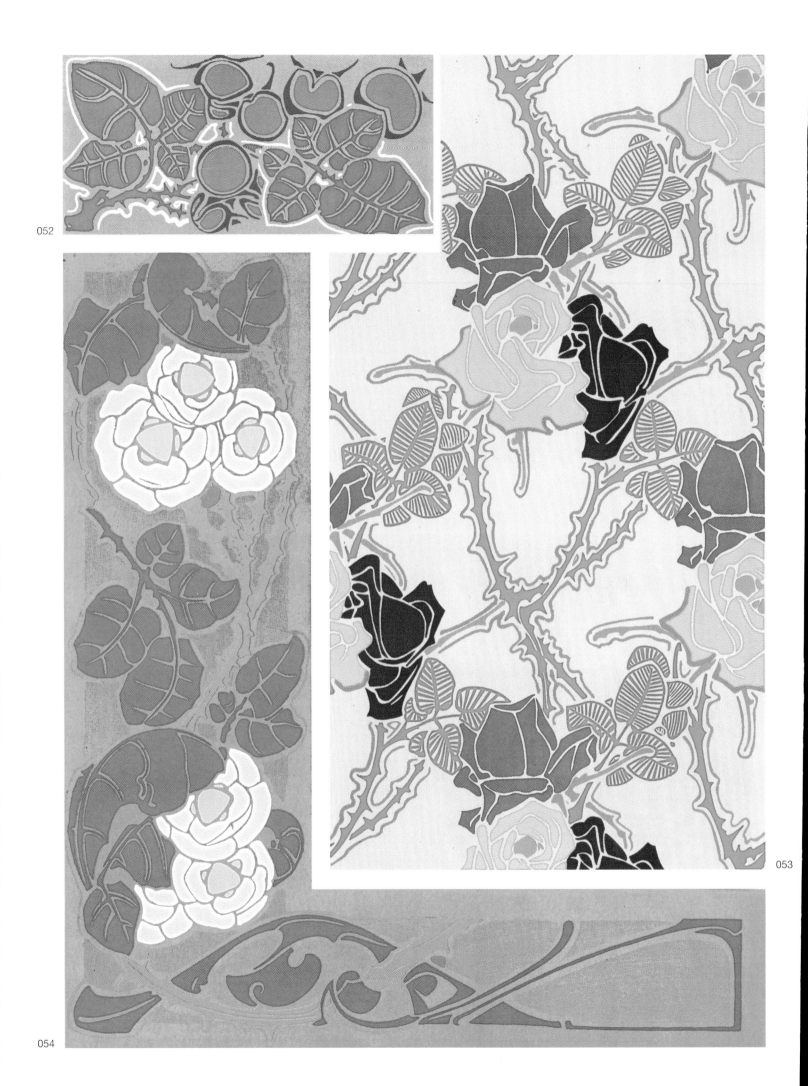

052

053

054

Plate 12

055

056

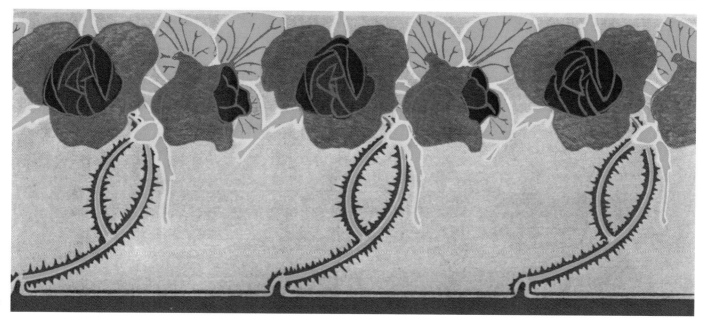

057

PLATE 13

058

059

060

061

062

PLATE 14

063

064

065

066

PLATE 15

067

069

068

070

071

PLATE 16

072

073

074

075

PLATE 17

076

077

078

PLATE 18

079

080

081

PLATE 19

082

083

084

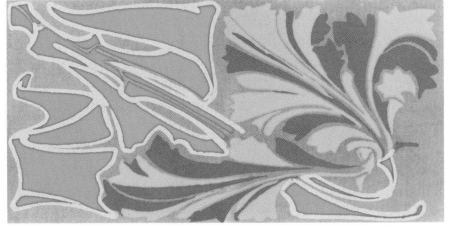

085

PLATE 20

086

087

088

089

090

PLATE 21

093

PLATE 22

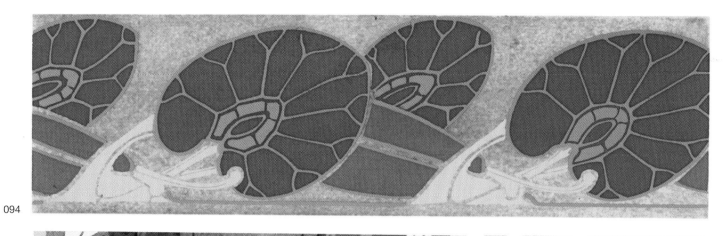

094

095

096

097

PLATE 23

098

099

100

101

PLATE 24